# 밤은 밤을 열면서

실천시선 258

# 밤은 밤을 열면서

권성훈

실천문학사

# 차례

## 제1부

## 제2부

## 제3부

## 제4부

# 제 1 부

# 발톱

벽지는 자란다

가볍게 벽에 밀착하고 얇게 벽을 넘는다

물을 먹으며 살 위를 살얼음같이 조금씩 걸어간다
밥을 먹으며 뼈 위를 뼈대같이 가끔씩 올라간다

닳아 가는 오늘을 기억의 부리로 전진하며
자라고 자라서 잘려 나가도 열 개의 기둥을 다르게 세우며
불안하게 잘려진 초승달 같은 방을 희미하게 건너간다

하늘은 잠들어도 벽지는 별처럼 어느 날 은하수 저편에
있다

# 슬픔의 문장

술잔이 나를 불러 이제야 도착했어요

가벼워진 생애 앞서 허방에게 절을 하고

침묵은 영문도 모른 채 편육 몇 점 내주네요

핏물 빠진 살 씹으며 붉음을 생각해요

그녀도 저 핏기 없는 세월을 건넜을까

그래도 물방울 무덤은 부패하지 않겠죠

이빨에 낀 허기를 깊숙이 찔렀어요

묻어 나온 혈흔을 혀끝으로 닦아 낼 때

고적한 슬픔의 문장, 부고에 가라앉네요

# 유쾌한 치킨

이 무대에선 수의를 걸치기 전에 말이야
상처를 덮고 있던 깃털을 뽑아야 했어
목덜미에서 사타구니까지
부끄러움으로 치장한 순간순간을 남김없이 벗기는 거지
그것은 벗어 버리려고 했던 그림자일 뿐
땅에서 길들여진 근육이 풀리고 있어
목 잘린 희망이 철창을 빠져나와
비로소 편하게 누워 있잖아
풀이 죽은 가슴살도 힘이 없던 다리살도 환하게 드러내고
살아서 입지 못하는 황홀한 옷 한 벌
저승 가는 길을 꼼꼼히 재단해
이제야 나를 위해 떳떳하게 나를 입어 보는 것
스스로 입지 못하는 생애의 끝 한 벌 입는 거야
매일같이 시작되는 하루를 내 손으로 갈아입지만
벗었던 세월만큼 주름진 길
그 길을 세상 밖에서 지우는 화려한 복화술
거울의 눈치를 살폈던 관절 마디를 섞어서

내가 안 보일 때까지 나를 반죽해 줘
손댈 수 없을 때까지 후끈 달구어지면
내 몸도 이렇게 눈부신 뜨거움을 가지고 있을 줄이야

# 배꼽의 각도

잘려진 나무에서 옹이가 나오네
거기는 구멍을 내고 상처가 머무는 곳
뱃속부터 애를 슬며
세상의 중심을 오므리며 숨을 쉬고요
단절된 외부를 털어 내지요
견고하게 내부를 닫아 버린 기울어진 나이테
끊어진 탯줄을 잡고 저물어 가는 어느 날
상처와 상처 사이에서
구멍과 구멍 사이에서
아무 일 없다는 듯 외마디로 태어나겠죠
무엇이든 흔들리는 상처가 구멍을 막고
어디에든 깊어 가는 구멍이 상처를 안고
오세요, 고독한 그대
상처가 구멍에게 젖을 물리듯
구멍이 상처에게 살점을 내어 주듯
우리도 함께 흠집 난 아픔을 모른 척 아물어 가요
박음질 선명한 꼭지 하나 모자란 듯
오랫동안 수줍게 안녕이라 피었다 져요

# 오늘 병동

여기 많은 빛들이 눈을 감고 있네
입꼬리를 환하게 내리고 있어
꺼진다는 것을 알면서도 끝날 줄 모르는
아침이면 눈을 뜨고 말라 가지만
실오라기 같은 초음파의 파장에 집중해
물 한 모금조차 마시지 못할 때까지
얇아지고 무뎌져서
예민해진 바늘에도 통증을 느끼지 못하네
눈을 감을 때 켜지는 어둠이 들락거리며
즐거운 눈빛과 불빛을 교환하고
드디어 희미한 복도를 나선다
가운데에서 가장자리로 내려가는 계단은
부음을 옮길 때마다 한 계단씩 가라앉네
올라오는 계단이 내려가는 계단을
헤아릴 수 없을 정도로 멀어질 때
더 이상 연결된 통로를 올라갈 수 없어
지상 요양원 복도와 지하 장례식장 계단 사이

수액 빠진 링거처럼 가벼워진 희망만이
이날 유쾌한 비상구를 내려가고 있네

# 골방 엽서

새끼를 키우려고 새끼를 내다 팔던 할머니
지하 골방에 죽음이 다녀갔다
개를 기르던 노인이
노인을 기르던 개가 들어 있다
홀로 두고 발길 돌리기 안타까웠는지
두 장 빛바랜 엽서처럼 붙어
서로를 애처롭게 만지고 있다
이미 대가를 치렀다는 듯
한 생애를 지리고 나온 부패한 사연이
지독한 흉터로 인쇄된
증표같이 굳어져 떨어지지 않는다
개는 노인의 주검을 지키며
쉰 목소리로 부고를 짖어 댔을 것이다
한 달 동안 굶어 죽은 개소리가
노인이 끄지 못한 삼십 촉 백열등처럼
희미하게 저물어 가는 12월 우체통
수취인 없어도
뜨겁게 쓰다가도 차갑게 지우고 있다

# 음력 2월 30일

한 번도 본 적 없는 할아버지 제삿날
2월 30일 장롱에서 영정을 꺼낸다

할아버지는 2월 30일 밖에 있고
2월 29일 안에는 없다
나는 2월 29일 안에 있고
2월 30일 밖에는 없다
그리하여 할아버지와 나는 만날 수 있는가
그렇다고 할아버지도 나도
있다고 혹은 없다고 말할 수 있는가

여전히 웃고 계시는 그날에서
흑백 바람이 새어 나온다
2월 29일보다 하루 더 살아 계신
곰팡이 나는 늙은 액자 뒤에서
이제야 슬그머니 할아버지를 만져 본다
수염을 더듬자 눈알이 튀어나와 방 안에 굴러다닌다

사진도 오래되면 생전의 인물이 되는구나
잘못했다고 잘못했다고
지워진 얼굴을 몰래 주워 담으며
공중을 머리에 들어 쿵쿵 받아 본다

할아버지는 재미있다고 2월 30일 밖에서 여전히 웃고 계시다

# 남은 이유

한여름 설렁탕집에서 마지막 밥알을 건져 올리는데
맞은편 노인이 뚝배기같이 금이 간 정오에 무릎을 꿇고
있다

평생 농사일로 검게 탄 눈을 껌뻑이다가
장마 전선에도 쑥쑥 자란 암소 한 마리 팔아 와서
사고 쳐 징역 간 손주 녀석 한 번만 살려 달라 애원한다

애비 없이 길러 미안하다며
밤이면 홀로 꿈속에서 죽은 아들을 붙잡고 운다면서
풀어 놓은 젖은 눈망울이 자막같이 지나갔다

소 한 마리로는 힘들다고
갯값이나 다름없다고
농부의 굵은 뿌리만큼 법은 여물지 않았는데
햅쌀 찧어 갚겠다고 벌써 건너온 수확으로 빌고 있다

나는 씹다 만 부르튼 밥알을 넘기지 못하고
노인은 식은 다짐을 몇 번이고 되새김하고

무딘 것으로는 해묵은 거미줄을 잘라 낼
날을 세울 수 없음이 죄다 제 등이 굽어 가도록
남아 있는 생애 이유로 새겨져 있다

# 한길 순대

저마다 검은 속내를 감추고 있는 순대같이
권선시장* 어디쯤 한길로 닳아진 골목 있지
숨이 끊어질 때까지 목줄을 잡고 있던
입과 항문이 뱉어 낸 구부러진 거리마다
비워 내고도 충만한 생애 입김이 서려 있네
다만 터져 나오는 전생의 입구를 막고
시작과 끝을 둥글게 포개는 몸피
손발 없이 내장으로만 피어났다
오래 만져 왔거나 많이 걸어온 것들의 식사
휘청거리는 전·생·애를 건너가는
고단했던 오장육부가 담긴 욕계 한 그릇
꽉 찬 창자로 텅 빈 창자에 머물다 가네
피가 내장이 되고 내장이 피가 되어
삶은 삶이 한길에서 환생하는
여기는 도솔천

---

* 수원시 권선동에 있는 권선시장의 '권선'은 고려 말 한림학사를 지냈던 이고(李庫) 선생이 백성들에게 선(善)을 권(勸)하였다는 설(說)에서 유래되었다.

# 감자탕

비 오는 날 명동 성당 골목집에서 감자탕을 먹는다

등뼈는 등을 보이고 나는 늑골을 감추고
오그라진 양은 냄비는 온종일 고해 중인 비를 끓인다

뼈와 뼈 사이 죄가 발라먹은 저녁
구멍 난 자리마다 등을 보인 흔적들이다

비가 그치면 등뼈는 가슴을 내놓고
골목길을 빠져나오는 동안
나는 숭숭 뚫린 등뼈를 보일 것이다

# 팬티스타킹

늘어난 어제가 내려 주고 간 거야
탄력성 해어진 거리를 지나온
구멍 난 시간들이 허리에서 발끝까지
감추고 있던 허물어진 여기와 거기를 보여 주네
완전한 수평이 되었지만
어디로 나가는 통로인지 알 수 없어
은밀하게 바라보는 앞과 뒤
양면의 표정들만이 겹쳐져
아슬아슬 뼈대 없이 이탈한 밤을
구분 없이 뒤집고 간 거야
그 바닥에서 경계를 풀어 버린 신축성 너머
하체 힘 밖으로 되돌아갈 수 없어
설풋 잠든 그녀를 흘러나와
가볍게 어제를 밑줄 그어 놓았네

# 붉은 습관

욕실에 걸려 훔쳐보지 않는다
아무도 오지 않는 물오른 봄날
아무것도 걸치지 않고
붉어진 긴 혀를 늘어뜨리고
흐드러지게 피었다가
기댈 곳 없는 후미진 구석을 구석까지 닦아 낸다
내가 눈감는 중에도 조용히 눈을 뜨고
규칙적인 입술로 부드럽게 저녁을 더듬는
너는 축축해지고 나는 말라 간다
나는 너를 썼지만 나를 쓴 너는
어김없이 문밖으로 뱉어 낸다
우리는 또 습관적으로 버려진다

## 지퍼 행간

수동식 입은 닫힐 때마다 생각한다
내가 말할 틈도 없이 네가 열리는지도 몰라
여백에 갇혀 있다 맥없이 풀어지는
은밀한 기호의 숨결을 머금고
양방향으로 길들여진 행간과 행간 사이
숨겨진 꽃술 물든 혀가 기어 나온다
사방으로 연결된 행간의 혈관을 핥아 봐
견고한 문장은 표피를 걷어 내고
욕망의 내장을 느린 속도로 보여 주잖아
서로 반대 방향으로 닫혀 있는 촉수를 밀고 당겨
이제 날 허물어지는 문맥에서 찾아
너의 오감으로 뜸들이는 육감을 적셔 봐
스스로 열지 못하는 문자의 혓바늘로
자음과 모음이 맞물려 있는 압축된 가슴을 풀고
수백 개의 뼈로 관절 마디마디를 꺾어 봐
이제 네가 들어올 깊은 바닷길이 열린다
가벼운 비명 소리로 나를 열고 나면
등골 빠진 몸은 버리는 거야

# 보리살타 돼지

머리 어깨 무릎 발 무릎 발
머리 어깨 무릎 발 무릎 발
머리 어깨 발 무릎 발
머리 어깨 무릎 귀 코 귀

머리부터 발끝까지 모자라는 듯

내장을 내주고도 희미하게 담긴

뚝배기 한 웃음

# 꽃피는 복날

봄날은 가고 복날이 온다
뚝뚝 떨어진 붉은 꽃잎을 지나 봄날은 가고
드디어 핏기 가신 환한 웃음 짓는 복날이 온다
유기된 골목에서 봄날은 갔는가
사육된 철창에서 복날이 오는가
기관이 끊어진 감각을 발라내며
고통에서 분리된 고난을 섞어 가며
실룩실룩거리는 위생 관리 안 된 여름을
푹푹 끓이며 뚝배기로 온다
모락모락 피어나는 한 그릇 평화
구원은 언제나 뜨겁게 달아오른
한 올 털도 없이 찢겨진 기쁨같이
온몸 살로만 잎을 피운 슬픔같이
복날이 오고 봄날은 간다
늦게 나, 온다고 으르렁거리는
식탁에서 울긋불긋한 봄날이 흐른다
바닥을 먼저 보인 당신도 쩝쩝

늘어난 평화를 개줄처럼 끌고

어느 낯익은 땡볕에 길게 묶여 있는가

# 제 2 부

# 바퀴의 환승

구르는 것은 흔들린다
바닥을 끌고 다닌 뒤꿈치 해진 온도를
덜커덩 내려놓는다
돌다가 멈춘 얼굴 없는 감정들
한쪽 발을 내밀며 풀리는 근육같이
어느 쪽으로 기운다고 해도 괜찮아
긴장한 다리는 중심을 먹고 산다
시간도 모르게 거리를 유턴해
팽팽한 방향을 잡아당겨 생각한다
제일 빠르지만 가장 느린 것
가장 멀지만 제일 가까운 것
길어질수록 짧아지는 거리를 올라온
언덕에서 3000번 버스가 숨 고르기를 한다
눈을 감고 쏟아져 나온 길들이
수명 다한 엔진처럼 닳은 모퉁이에 정차하지만
헐떡거리는 계절에서 다른 계절로 환승한다
내가 당신에게 그랬듯이

# 수상한 테라스

당신 끝에 태엽처럼 시작을 감추고 있어요
임자가 있는 당신이 문을 열고 밖으로 나올 수 있도록
앞면으로 나와 정원처럼 기다려요
이를테면 체언의 방으로 연결되어 있지만
진입할 수 없는 접미사의 슬픈 내통 같은 것
낮의 관계와 밤의 의미를 첨가해 주는
홀로 설 수 없는 장소
당신 없는 시간 땡볕에서 졸다가
밤이 되면 별을 꾹꾹 삼켜요
폭풍우 부는 날 별들을 사진처럼 콜록콜록 꺼내
울다가 소용돌이치며 빨려 들고 싶지만
당신은 얼마나 힘이 센지
내가 들어가지 못하게
단단히 걸어 잠그네요
그러나 당신이 벼랑에서
당겨 잡은 손을 놓지 않으려고
모서리의 불안을 붙잡고 있는 오늘도
아, 찔한 비명으로 흔들리고 있네요

# 뒤쪽이 앞쪽에게

내게로 오기 전 펼쳐지는 당신
넘길 때 천천히 전해지는 걸
어깨 건너 지켜보고 있어
마주 보고 있는 나를 잠시 접었다가
꺼낼 때까지 지워지는 골목
당신이 오기까지 내내 머물러 있으면서
지금도 앞서 있는 당신을 지나
어떤 당신은 당신과 당신 사이에서
당신을 뚫고 나온 책장으로 채워져
당신이 아는 그만큼 가까워져
나는 당신에게 창문을 내고 스미는 거야
당신은 들어차고 나는 사라져 가지
이승과 저승의 얇은 거리도
어쩌면 한 장만 넘기면 다가오는
그곳에서 꽉 찬 당신의 그림자로
오래된 기다림은 늙지 않는다는 듯 있다

# 골반의 바깥

그 속에 허공이 알을 배고 새끼를 치고
부피도 넓이도 알 수 없지만 날마다 부풀어 가네

아래서 위가 한없이 뚫려 있고
위에서 아래가 빈틈없이 막혀 있는 그러니깐 초원의 거리
골반도 없이, 골반을 숨기고, 골반이 벌어져 샛별 하나 나오듯이

나도 한때 관통하고 지나갔을 관절과 관절 사이 시간
이제는 환기통같이 열려 있는
너무 두꺼워서 뒤돌아 가는 법을 모르게 걸려 있네

물기를 비우고 차곡차곡 쌓이는 하늘 자궁
모든 것을 제하고 남아 있는 여기저기
뼈대 없는 내일은 당신과 닿을 수 있겠다

# 안전핀

그래도 봄밤의 외출은 안정적이다
흘러내리지 않게 그녀를 고정한 머리핀
반지를 낀 손가락처럼 빽빽하다
둥근 것들은 언제 빠질 줄 모르고
사방이 소문으로 불안하지만
나비를 잡고 있는 핀은 안전하다
부푸는 숲속은 오색으로 초조하지만
으레 평온하게 발광한다
관능에 갇혀 있는 꽃봉오리
어둠을 물고 있는 불빛들로 나풀거리며
목련같이 터지기를 기대하는 사각지대에서
위태롭지만 아직은 평안하다
목젖까지 올라온 숨찬 이파리들이
돌돌 말린 욕망을 덮고 있는 전단지들이
그 밑을 젖은 손으로 만지작거리다
어제보다 더 멀어진 노을 속으로
늦기 전에 날아가야 한다

촉촉하게 젖은 날개를 휘청거리며
완전하게 돌아온 나비여
머리핀 풀린 머리카락같이
불안전 늪에서 헝클어져 버린
봄밤 한순간 미끄러진다

# 단추

그렇게 밖을 걸어 잠근다
안에서 나온 힘이 나란히 양쪽 귀를 달고
무표정한 구멍을 미끄러지지 않게 내민다
모든 중심이 안에서 모여 밖으로 집중되는 것처럼
안에서 닫혀 있는 것은 밖으로 열리고
밖으로 닫혀 있는 것은 안에서 열린다
네가 열리지 않는 동안
나의 일상을 닫고 있다
잠근 손은 잠긴 나를
만지작거리며 재단하다
힘을 잃은 저녁이 낮으로부터 돌아온다
가벼운 것이 무거워지고
무거운 것이 가벼워지는
나를 넣은 주변이 나를 뱉는다
안으로 들어가기 위해 밖을 열었던
중심이 흔들린 어느 날
나를 열고 너를 닫던

너와의 첫 빗금을 채울 때도 그래

## 21세기형 십계명

하나님을 먹은 뱀으로 술을 담갔지
하늘이 든 독이 부글거리는 밤
농염한 혀가 시시각각 갈라지며
똬리 튼 항아리에서 까마득한 말씀이 새어 나오네
다른 신을 믿으라
미신을 섬기라
하나님을 욕하라
안식일을 거룩하게 지내지 마라
네 부모를 공경하지 마라
살인하라
간음하라
도둑질하라
거짓말하라
네 이웃의 재물을 탐하라
이것이 너희에게 주는 새로운 아이러니라
삼천삼백 년 묵은 율법이 술독에 빠져 허물을 벗었네

이 얼마나 옳으신 팔할이* 말씀인가

---

* 서정주, "나를 키운 건 팔할(八割)이 바람이다"(「자화상」)에서

# 내비의 눈물

내비가 전부였을 때가 있었어
그녀는 나를 가두고 어디든지 데리고 다녔거든
그녀가 없으면 나는 길을 찾을 수 없었어
좌측과 우측 사이에서 방황하지 않고
그녀에게 길들여진 일방통행이잖아
어느 날 그녀가 화면에서 사라졌어
지름길이라고 왔던 길들이 우후죽순 숲을 이루고
길이라고 믿어 왔던 그녀가 오히려 길을 지우고 있잖아
거리에서 사랑을 잃어 본 사람은 알 거야
길이 떠나갈 때, 가야 할 길을 찾지 못할 때
흐르는 눈물, 내비의 울음은 그녀도 모르는 후진 같은 것
다만 내 눈물샘에서 나오는 분비물인 거야 내비는
조금씩 나의 탁한 눈을 축이거나
잠깐 그녀와의 추억의 이물질을 씻어 주는 것
그래 내비는 그녀가 지워지는 길에 흐르는 울음
좀 더 자극을 주거나 감동을 준다 해도 내비는
앞을 가로막는 내가 만든 그림자일 뿐

알아, 슬퍼서 우는 것이 아니야
내비를 믿지 마

# 네네

양말 한 짝 오그라진 저녁을 네네
사이좋게 두 개를 뱉어 내네
벌린 입을 뒤집고 나온 명명한 대답이 그래
네도 아닌 네네
내내 신고 다닌 단답형같이 응고되는
실어증 걸린 밤을 단호한 목소리로 벗겨 내네
들락날락 제법 살 오른 군살같이
누구의 것도 아닌데 두터워져 가는 날들
감싸고 버티다가 발아래로 떨어진
네네의 내내를 기꺼이 풀어 주네
그러니 네네의 훌쩍 자라난 지느러미를 들추진 마세요
가만히 마주 보고 있는 귀가한 내내
네네로 완성되고 싶은 고개 내민 나날들
당신을 신고 외출에서 돌아온 바닥을
보여 주고 있지만 방금 전보다 짧아진
지금은 돌아갈 수 없다는 것

# 그래서 환생

은사시나무가 잎새 없는 전봇대였어요. 땅에서 동력을 얻은 뿌리가 하늘로 가지를 치고 가지는 다시 줄기를 키워 땅으로 뿌리를 내렸잖아요. 그렇게 끊임없이 이어진 줄기로 수많은 날들을 송전해 주던 바람 부는 날이면 수만 볼트의 치명적 상처를 오그리며 가슴에서 지지직거리는 소리를 내기도 했어요. 보세요, 전봇대를 기억하는 새들이 나뭇가지에 날개를 접고 찌지직거리고, 흙터로 자라난 잎새가 바람에 제각기 귀를 열고 있어요. 그렇죠, 다리가 시려 허공에 둥지 튼 새들의 다리도 나뭇가지를 닮았잖아요. 오래전에 전봇대도 은사시나무 다리를 하고 누군가를 기다리며 사람을 찾아 주세요, 집 나간 개를 찾아 주세요, 잃어버린 그대를 찾아 주세요. 맞아요, 세상과 말을 걸며 은사시나무로 환생한 전봇대예요. 아파요, 그대가 오실 때까지 그루터기로 남겠어요.

## 늪의 킬로미터

외로운 차의 뒷모습을 보고 있어요 당신, 뜨거웠던 거리 사이로 숨가쁘게 달려가는 아스팔트 위에 발이 묶여 버렸어요. 그 길의 낙서를 지우는 당신의 잔상 때문에 가슴 무너져 내리고 있어요 지금, 지나온 시간만큼 닳아진 기억의 페달을 밟을수록 밀려오는 그리움에 녹슨 엔진 소리 들리나요 간혹, 깜빡이는 브레이크 등은 이미 정지선을 넘어 버린 우울인가요. 당신은 없고 터널만 남은 길에서 측정이 마비된 속력으로 이 통로를 지날 수 없을 것 같아요 왜, 처음부터 움직이는 세월의 뒷모습이 아프다고 말하지 않았나요 당신, 이제 말해 주세요. 당신을 태운 차가 늪의 킬로미터로 더, 빠져들기 전에요

# 짝짝이 그림

화가인 그녀는 젓가락을 그렸다

소아마비로 불구가 되었다는 그녀의 그림 바깥

비틀어진 짝짝이 다리를 하고

한쪽은 길고 한쪽은 짧은

젓가락 한 짝이 있는 힘을 모아 화폭을 짚고 있다

수없이 짓눌렸을 법한 한쪽 생애보다

긴 것이 짧은 것에, 짧은 것이 긴 것에 뻗어 나간

저 홀로 단단한 힘줄 속으로

길고도 짧은 것을 오고 가고

푸르게 자라고 있는 휘어진 뿌리로

축 늘어진 줄기를 칭칭 휘감고 있다

# 발로만 출애굽

엄숙하게 서 있던 성전 철창을 나온 닭발
발로만 버무려진 숭배에 고개를 숙였다

사방에서 모여든 순례자의 가시밭길에서
구원은 오직 몸통 없이 족적을 남기는 것

한때 문턱 하나 넘지 못했던 걸음을 멈춘
얕은 발가락과 발가락 사이 새살이 돋고
사적인 저녁의 발목을 굽는 조개탄 뒤척이는
갖은 양념으로 부어오른 통통한 슬픔도
가벼운 기쁨같이 익어 가는

제 이름을 발로만 오그라지게 쓰는 상형 문자

이것이 너희에게 주는 새 계명이니
별을 보며 목을 축이고 사막을 건너갈지니

두 손 두 발 다 드는 발로만 출애굽 골목
날마다 타지 않게 뒤집으며

뼈째 주문을 외우듯 구름 한 점 남김없이 곱씹으며

# 변기

십 년 동안이나 앉아 있던 그를 꺼낸다

달팽이 무게로 닳아진 괄약근 조이는 템포로
입구가 출구를 열고 출구가 입구를 닫았던 그곳

물컹한 안간힘이 스며든 자리마다 두 손 움켜진 맹세처럼 멈춰
뼈의 체위로 살의 배후에 알타미라 벽화같이 새겨져 있네

가벼워지는 나로 당신을 채워 간 숭숭 뚫린 기록들

멍하니 바라보던 사이에도 막힘없이 받아 적었던
그는 닳아진 흠집 구석구석을 여전히 모른 척하다

그가 나를 가볍게 들어내던 유적지가 드러나네

# 제3부

# 사시들

자연산 넙치들과 눈이 마주쳤다
수심 1000미터에 서식하다
어항 밑창에 누워
곁눈질하며 지나가는 나를 세웠다
왼쪽으로 몰린 눈들이
나의 양쪽 눈을 오른쪽으로 몰고
유리 사이로 사이좋게 멈춰 버린
거리의 사시가 되었다
얼마나 속으로만 흐르는 어둠에 엎드려야
사방에 눈을 돌리지 않고도
한 곳만 바라보는 혜안의 바늘로 반짝이나
형광등 켜진 어항이
바다같이 넓다
넓어서 넓어지는 수행같이
깊은 눈을 지그시 감고 있는 대웅전만큼 환하다

# 폭염주의보

빛이 탈모를 시작했어
하늘하늘 가늘어진 모발을 털며
원형에서 타원형으로 이마를 넓히는 하늘
마른버짐 같은 구름도 없지
지느러미를 파닥이며 뭍으로 걸어 나온 물고기들
안간힘을 쓰는 부릅뜬 눈망울이 축축해
습진으로 갈라진 주름의 날개를 봐
몽당연필같이 줄어든 강물이 쓰다가 만
가문 일기를 속속들이 드러내고
오늘은 또 얼마만큼 줄었을까
허공을 저울에 매달아 본다
조금씩 헐렁해져 가는 난독의 입가에서
나사 풀린 물소리가 난다
나는 왜 수분 빠진 저 풍경을 떠날 수 없을까
충치 먹은 옥수수처럼 이빨을 보이며
파리한 생각이 편집증처럼 걸려 있어

# 철수세미

철수세미는 사물을 읽는 몸이다.

철수가 손을 쓸 때 입을 여는 세미
거칠거칠한 손은 입보다 가볍게
얽히고설킨 입은 손보다 무겁게
철수세미의 익숙한 수화로
저녁에 붙은 반점을 닦아 낸다.
꽉 다문 벙어리 저린 가슴에서
웅크린 윤기가 뽀드득뽀드득 빠져 나온다.
궁금증의 뒤꿈치를 내려놓으며
소금기 빠진 밤이 달팽이처럼 지나간다.

발 디딜 틈 없이 비릿한 하수구에 들어찬다.

바람이 드나드는 맨얼굴로
아미타불 빛나는 철수세미
능청스럽게도 너무 아프게 붙어 있다.

# 스티로폼

얼굴 없는 폐가에 철거가 한창이다

목 잘린 지붕과 팔 떨어진 기둥에서 나온 잔상

온갖 잡동사니가 게워 놓은 장기들의 마디로

순댓국 같은 더운 김을 뿜어 올린다

질긴 살가죽을 지탱해 온 명치의 두께만큼

어제에 붙어 있던 쓰라린 어둠이 빠져나와

두 다리를 벌리고 축 늘어져 있다

저마다 울퉁불퉁한 형체를 벗으며

웅성거리는 폐허들 섞일수록 윤곽이 살아나

비로소 뭉뚱그리는 서로의 역사를 녹이는

눈발 날리는 오후

그 사이 가벼운 웃음이 햇살처럼 찢겨진다

걱정거리 없이 빼곡하게 내려앉은 눈동자들

충치 먹은 죽음을 환하게 웃고 있다

썩지 않는 폐부를 건너가는 뜨거운 잔설이 어느새

헐렁해진 내 심장을 이상하다 팽팽하게 당겨 본다

# 새사람

겨울이 뒤꿈치를 보이는 눈 오는 새벽
고쳐 쓸 수 없는 길로 사람도 가고 새도 가고
해가 뜨는 길을 따라 사람 발자국에 찍힌 새 발자국
또는 새 발자국에 찍힌 사람 발자국
어느 쪽으로 기울어지거나 넘어지지 않아
하나도 하나같이 침묵한 불립문자로부터
두 개가 한 발로 포개진 완전한 상형 문자로부터
서로의 체중을 실은 맹세와 같이 왔다
하늘과 땅의 장력이 사라진 그 안에서
발바닥과 발톱으로 써 버린 직립의 접속사
바람 부는 방향으로 깊어 갈수록 가벼워지는
발자국에 난 발자국에서
한낮에 희미한 광기로 녹아 가는 새사람
드디어 온기가 돌아
햇빛을 구부려 반라의 끈을 풀고 날아

# 아하, 역돔

너를 잡기 위해 길들이기로 했어
뒤도 돌아보지 않고 터지는 물방울같이
사라진 흔적조차 모르게
아무도 눈치채지 못하게
바닷물에 민물을 방울방울 섞어 가며
다문다문 먹이를 주고
날이 선 윤기 흐르는 지느러미를 살살 쓰다듬으며
미끄러지듯 해저에서
조금씩, 조금씩 자기의 등을 밀어낸다
그러나 비늘이 벗겨지거나 놀라서 멀리 달아나지 않게
재미없어 한눈팔지 않게
맞다, 맞어 아무렴 잘했다, 잘했어
그렇게 뭍 가까이 오리니
마침내 미끼를 물고 수면으로 떠올라
아하, 바다 뺨을 치는 황홀한 너의 꼬리
퍼덕이며 번지는 힘줄에 길들여진 나의 손맛

# 황태덕장

하늘 내린 인제 용대리 뜰 지날 때

지나온 등고선 벌어진 입마다 입을 열고

11시와 1시 사이 자막같이

일제히 여러 날 밤을 늘어뜨리며 술렁이고 있구나

갈수록 돌아가야 할 나란히 묶인 느린 제자리에서

나는 목을 길게 빼고 아가리를 다물지 못해

그렇게 말라 가는 굵은 몇 가닥 유언을 매달고

건기에서 나온 나를 덕장으로 풀어 놓아

번지 점프같이 이어져서 이어지는

힘줄 세운 페달을 감고 있다

# 당신은 시뮬라크르

볼펜 심에 나를 넣고 써 본다
꼿꼿하게 날 세운 나를 한 발로 꺼내 쓰고
미끄러운 걸음으로 방 안 공책처럼 누빈다

오늘 아침에 먹은 밥은 내일 당신이 되고
내일 점심에 먹을 당신이 오늘 아침이 되고
어제 저녁에 나를 올려놓는다

내일은 오늘보다 오늘은 어제보다 다른 맛이 있지만
어제는 오늘보다 오늘은 내일보다 다른 맛이 없다고 쓴다

조금씩 밥은 많아지고 나는 강해져
나는 밥이 되고 당신은 밥을 먹고
그것을 나라고 쓰면 쓸수록 밥은 강해지고 나는 많아지고
밥은 나로 나는 밥으로 복제된다

그렇잖아도 모든 게 버무려진 채로

불안해진 우리는 매일 같지만
매번 다른 밥으로

# 드럼 세탁기

여름 베란다 한편
외출에서 돌아온 날들이 뒤섞여 있다
일주일도 넘은 쉰내 나는 아버지와
어젯밤 외박을 하고 온 비린 새엄마와
오늘 월경을 시작한 풋내기 누나
어디서 왔는지 묻지 않아
팔이 사타구니 속에 사타구니가 가슴 사이로
아랫도리가 윗도리 속에 윗도리가 아랫도리 사이로
서로 꿈에서 꿈으로
네가 내가 되어
내게서 네가 나오고
나에게 우리가 들어오기도 하는
안쪽과 바깥쪽이 있지만 없는 뫼비우스 띠
서둘러 돌아와서 돌아가
멈칫 돌아온 길을 돌아보며
다시 반대 방향으로 되돌아간다
몸과 몸을 섞으며

거리와 거리를 섞으며
시간과 시간을 섞으며
쉬었다 돌아가다 돌아와
그것들이 재미있다며 왔던 곳으로 뒤돌아간다
삑삑 소리를 내며 피범벅이 된 채
가끔 물처럼 긴 호스로 연결된
불이문(不二門)을 빠져나가기도 하는

# 모서리

여전히 공격적인 자세로 다짐 끝낸 서늘한 불안들
자라지 않는 용서가 흩어질까
두려움 없는 시선을 한 방향으로 고정하고
길들여진 중심을 날카롭게 노려보는
가장자리를 빠져나간 두 갈래 모순
망설임 없이 생긴 오늘도
바깥으로 난 무릎을 꿇고
둥근 것들은 흉내 낼 수 없는
세로와 가로가 일으키는 반듯한 반란
지극히 안전한 구조로
최대한 무례한 방식으로
서로 뾰족하게 만지고 있는
다르게 온전함에 도달하고 있는
갈라져 아프지만 그래서 빛나는 나날들

# 나사

자음과 모음 하나로 캄캄해지는 방에서
굽힌 어둠이 한 마디씩 펴지게
펴진 빛도 한 소절씩 굽히게
먼 길 걸어온 꽃송이 송이도
그저 피어나거나 그대로 오므린다
아득히 녹는 것을 얼어붙게 만들고
죄다 멈춘 것을 죄다 닫히거나 가만히 열리고
말없는 말을 삼키며 얼음꽃같이 슬어가
단단한 틈새 안을 잠그고 있어
물방울같이 커지다가
혹, 우주같이 작아지다 사라지는 걸
길고 예리한 혀를 내밀면서
이른 아침 해를 돌리고 있는
무심코 갈라진 새싹에서 보았어

# 휴지에게 사랑을 배울 때

휴지는 묶여 있다
항구에서 떠나기 위해
두루마리 방식으로 얇아질 때까지 얇아져
닦아질 표정이 닦아 낸 표정에게 들키지 않게
사라질 흔적을 지우며 지워진 흔적조차
기척 없이 떠 있다
그대는 백지장보다 가벼운 여백을 가졌다
무게조차 모르는 가벼움과
가벼움조차 모르는 무게들
잘라내도 목숨 건 수평으로 마중 나온다
밀어내도 달아나지 않는 밀물같이
버려도 구겨진 웃음을 매달고 있다
제가 거기서 나왔어요
한결같은 속을 풀고 당신을 끊을 때마다
칸칸이 사랑을 다시 배울 때

# 하루도 책상같이

그렇게 반듯한 표현으로 앉아 있는
책상이 옳았다
누구에게도 가지 않고
부지런하게 오는 아침과 무심하게 지는 저녁에 자리를 내주고
조용한 행렬과 행간 사이를 넘나든다
각자를 지키고 있는 각자의 이름으로
어느 먼 곳에서 오고 계신 당신과 행여 와 있는 당신
재래시장 모퉁이를 마주 보며 지상의 날것을 파는 할머니들
간간하게 아파 오는 무릎같이
골목을 지탱하는 굴곡진 그림자같이
아득하게 저려 오는 통증
어제와 오늘이 겹쳐져 나는 삐거덕, 거리에서
서로 보고 있지만 모르는 척
못 본 척 기대고 앉아
달과 해를 세고 있는 좌판같이

이 좁은 자간을 지키며

당신의 하루를 살 수 있을까

# 치명적 그루

나무에 붙은 느낌표를 도려냈어요
감각이 사라지는 한 그루
가시 달린 수많은 상처가 후드득 떨어지며
아프지 않게 멍울만 남았어요
가지에서 잘려 나간 고통은 자라지 않는 것
통점 밖에 반점으로 피어나고요
말없는 그늘과 그늘을 닮은 조용한 당신도
많이 신은 땅과 오래 쓰고 있던 하늘을 벗어 던지네요
한 번 더 내려갈 수 없는 깊은 곳과
더 이상 오를 수 없는 높은 곳이 보일 때까지
빛은 사계절 너머에서 말라 가고
수염이 새잎처럼 돋아나도 감탄하지 않아
고막이 천둥처럼 찢어져도 놀라지 않아
뇌사 상태 아버지는 휘어진 표기로
아무 일 없다는 듯 검붉은 가랑이를 벌리고
그렇게 발끝까지 해충 먹은 나무를 키워 갔어요

# 조금, 만이라는

이곳에는 조금으로 늘어나거나 줄어드는 정확한 수치는 없지만 짐작할 수 있어
일정한 습관으로 채워진 더와 덜이 공존하는 경계
마치 더 쓰면 산문이 되고 덜 쓰면 운문이 되는 조금이라는 행간 그 밑에 혹은 그 위에 놓여 있구나

조금도 일치하지 않지만 불확실하지 않은 손을 내민다

가벼울수록 무거워지는
많은 것 사이에 적은 것들이 있고 적은 것 사이에 많은 것들이 놓여 있는
조금 늦게 잠든 저녁에 눈을 감거나 조금 이른 아침에 눈을 떠 보면 무거운 단잠에서 깨어나고 있는 그 말

조금, 만이라는 작지만 커지고 있는 침잠한 통로를 가졌다

# 제 4 부

# 흡반별

여기는 폐허다. 피라밋드와같은 코가있다.
그구녕으로는 「유구한것」이드나들고 있다.
— 이상, 「자화상」

수족관 낙지 헐렁해진 이생에서 저생을 빨아들이며 흡반을 뻗는다

불길한 하늘을 공손하게 건너가는 별들과 부패한 어둠에 발을 담근 은하수

입속에서 나온 길한 예감의 이파리 유리 건반을 두드리는 고요한 흡반별

매끈하게 생긴 둥근 주머니에 들어 있는 검은 비밀을 토해 낼 시간 없이

미궁 안에 빠져 있는 피라미드 바다에 사막을 세운다

# 정직한 사각

이 사진을 누가 찍었는지 아내는 모르네
나는 성장이 멈춘 액자 밖에서 봄날처럼 웃고
그녀도 가끔씩 내가 서 있던 자리로 찾아 올까
매일같이 흩트러짐 없이 바라보네
못질한 희망처럼 나를 걸어 놓고 있지만
그녀는 하염없이 떠나 있네
거기서 기억하는 해묵은 웃음만 어설프게 바래 가고
더 이상 채워 줄 수 없는 잘린 배경들 속에서
우리를 허락하네
가끔 그곳으로 돌아가고 싶다고 하지만
너무 멀리 와 버린 나를 받아 줄 수 있는가
박제된 기억 앞에서 수없이 마주친
눈 속 가지처럼 입꼬리를 길게 늘어뜨린
묶여 있는 시간에 잠겨 있네
그러니까 오래도록 더 먼 곳으로 떠나온 나는
나를 떠난 오늘을 정직한 사각에서 보네
돌아보면 그녀는 돌아오지 않고
나를 기다린다는 약속은 한 컷만큼 짧았네

# 혀의 반성

낙엽이 낙엽의 혀에 가 닿는다
목젖 없이 깡마른 혀끝으로 핏기 없는 혓바닥을
이젠 아프지 않다며 핥는다

말은 가벼울수록 혀는 무거워진다

한 해 동안 숲에서 자란 말이 차곡차곡 쌓이고
켜켜이 어두워져 바스락거리는 마른 것들

궁금한 바람이 너덜너덜해진 페이지를 들여다보다

여러 갈래로 나누어진 그녀의 받침대 없는 세 치 혀도
누군가의 통점이 된다

# 캔

높은 곳

손톱만 한 귀를 달아 두었지

가깝지만 무겁고 멀어지면 가벼운

하늘을 따고는 하지

그 얼굴 환해지네

# 한번도

이곳은 이어도와 미인도 사이 어디쯤

한 번도 가 본 적 없는 전설같이 고요해
마치 출생과 사망을 알리는 신고서 같아
넘고 나면 원래 왔던 곳으로 갈 수 없는
섬,
가장 가까운 데 있어도 너무 멀리 숨기고 있어
태초에 폭발이 있었던 것처럼
행정구역 없이 여전히 안팎에서 분화하는데
날마다 팽창하고 있는 이 섬의 주인은 누구

시작도 끝도 수치를 가늠할 수 없지만
유혹을 견디는 이 밤도
우거진 검은 숲에서 흔들리고 있잖아요

단 한 번만으로 지워져 버린 그곳에 돌아가고 싶어라

# 봄날 견인되다

벚꽃 만개한 어느 봄날
딱지 한 장에
맥없이 끌려가는 시동 꺼진 차를 본 적이 있는가

상여 지나간 자리에 남아 있는 국화 꽃잎처럼
육체의 무게로 부가된 호적을 통째로 바꿔 버린
견인안내문만 달랑 남아 있다

불법주차 중인 오늘
예고 없이 도난당하는 나의 길도
봄밤에 없는 속도로 견인되고 있으리

# 더와 다

더 가지려고 하는 이 방은 다 채우지 못하는

달콤함으로 달궈진 꿈속 반죽같이

찰랑이면서 수위를 조절하지 못하는 영광같이

모두가 다 다르게 더 가지려고만 하지

모자란 만큼 못 자란 구석구석

번식하는 더는 다를 다 가지기 위해

번번이 다는 더를 더 지키기 위해

더 있는 다는 없고 다 있는 더는 없으므로

우리의 더 앞에서 영영 다 만나지 못하는

병들지 않는 더와 늙지 않는 다와 같이 가까워지는 법을 알고

더의 입술은 다의 부, 더러움에 닿고 있어

# 시월

하늘 끝자락을 날것의 단풍이 물고 있다

누군가에게 강제했던 충혈된 말이

씻을 수 없는 허공을 걸고 물들이고 있나

하늘 닿는 입술로 가을이 열린다

어느 날 쓰다 만 가슴을

빨간 사인펜 번짐 속으로 번져 가

이제 곧 떨어질 양면 부피를 나눠 가진

한없이 높게 매달린 피로한 구름 몇 점

흐르다 멈춘 미열같이 이마를 떠다니며

건너편 고개를 한참 동안 내려다본다

# 이상한 개나리

가꾸지 않아도
홀로 먼저 와
들녘에서 기다려 주는
개나리

지난겨울 너무 추워 별빛 내려와 불을 지펴 놓았나
혼자 타지 않고 지나가는 발걸음까지 태우고 있어

그저 보기만 해도 눈부셔라, 꾹 다문 입을 여는

꿈일 수도 있는
꾸밀수록 피어나는 곰팡이 시간
비탈진 자리도 마다 않고 몽우리를 터뜨리고
배꼽 몇 개 떨어지면

눈물 없이 몸만 왔다 가는 사람아

# 폐차

다음 생애 좋은 곳에서 태어나라

십 년 살다 바다에 묻은 그 애도 그랬다

울음소리 수리도 않은 채 도로를 넘나들며

녹슨 바람에 이는 사월 파도를 태우는

밤은 밤을 열면서 떠돌아다녔다

# 자화상

오늘의 내가 어제의 나를 바라다보네

어제의 나로 오늘의 내가 들렀다 가네

오늘 내가 어제 나로 와서
구름같이 서로의 몸속으로 오고 가고 가고 없는

나는

너무나 많은 내가 나를 비추면서
말의 해변을 여름밤 은하수로 다녀갔을까

초점조차 닳고 닳아 눈이 멀어 가는 수평선

머나먼 거울 속 빈방

# 손잡이

너를 덮고 있는 체위로 나는 잡히고
나를 잡고 있는 체온으로 너는 열고 있는

해는 달의 저편에서 돌고 돌며 돌아 돌지

어느새 금방이라도 떨어질 것같이 서 있는
직립의 단풍이 지문처럼 지워지네

사라지는 소리에 사라질 소리가 되살아나는
갈수록 초조해지는 새벽
여명처럼 뒤에서만 웅성거리고 있지

# 대충(大蟲)*

'이승훈의 시를 읽으면 눈에 보이는 사람은 사람 아니다'라고 쓴 조오현을 읽으면 사람 아닌 사람도 사람이다 소리 아닌 소리도 귓가에 들린다 냄새 아닌 냄새도 코끝으로 맡는다 맛이 아닌 맛도 혀끝에 닿는다 울음 아닌 울음도 살갗으로 느낀다

'이승훈의 시를 읽을 때 그 어떤 생각 그 어떤 느낌이 있다면 그 어떤 생각 그 어떤 느낌 아니다'라고 쓴 조오현을 읽으면 그 어떤 생각 아닌 생각도 느낌이 되고 느낌 아닌 느낌도 생각이 된다 조오현을 다 읽고 나면 조오현은 없고 시만 있다

조오현의 시를 읽으면 선이 없지만 조오현을 빼고 읽으면 백지도 산이 된다

---

* 조오현 시 「이승훈 시인의 시 〈선과 아방가르드〉를 보고」를 변용. 대충은 설악무산 조오현의 아호.

# 가닿고 싶은 것과 와닿을 수 없는 것

## 1. 촛불 집회

10월 29일 1차 : 주최 측 추산 2만여 명(경찰 추산 9000명)

11월 5일 2차 : 주최 측 추산 20만여 명(경찰 추산 4만 5000명)

11월 12일 3차 : 주최 측 추산 100만여 명(경찰 추산 26만 명)

11월 19일 4차 : 주최 측 추산 100만여 명(경찰 추산 27만 명)

11월 26일 5차 : 주최 측 추산 190만여 명(경찰 추산 32만 명)

12월 3일 6차 : 주최 측 추산 232만여 명(경찰 추산 42만 명)

12월 10일 7차 : 주최 측 추산 104만여 명(경찰 추산 16만 6000명)

12월 17일 8차 : 주최 측 추산 77만여 명(경찰 6만 명)

12월 24일 9차 : 주최 측 추산 70만여 명(경찰 5만 3000명)

12월 31일 10차 : 주최 측 추산 100만여 명(경찰 6만 5000

명)

1월 7일 11차 : 주최 측 추산 90만여 명(경찰 2만 4000명)

1월 14일 12차 : 주최 측 추산 14만여 명(경찰 추산 ?)

……(경찰 추산 '공개 안 함')

## 2. 맞불 집회

11월 19일 1차 : 주최 측 추산 7만여 명(경찰 추산 1만 1000명)

11월 26일 2차 : 주최 측 추산 10만여 명(경찰 추산 1만 명)

12월 3일 3차 : 주최 측 추산 15만여 명(경찰 추산 1만 5000명)

12월 10일 4차 : 주최 측 추산 32만여 명(경찰 추산 4만 명)

12월 17일 5차 : 주최 측 추산 51만여 명(경찰 추산 3만 3000명)

12월 24일 6차 : 주최 측 추산 100만여 명(경찰 추산 1만 5000명)

12월 31일 7차 : 주최 측 추산 72만여 명(경찰 추산 2만 5000명)

1월 7일 8차 : 주최 측 추산 102만여 명(경찰 추산 3만 7000명)

1월 14일 9차 : 주최 측 추산 120만여 명(경찰 추산 ?)

……(경찰 추산 '공개 안 함')

# 닻과 돛

단단하게 내려갔다 팽팽하게 올라가서

우리는 물이 되고 바람이 되어 만난다

저무는 하늘가에 멈춰 선 채, 아득해진 바닷가를 던진 채

끈질기게 걸려 있는 들숨과 날숨같이 서로에게 정박한

나에게 닻은 너에게로 돋고 너에게 돛은 나에게로 닿는다

# 해설 · 시인의 말

# 사물을 읽는 몸

방민호 (문학평론가, 서울대 교수)

## 1

여기 세 번째 시집을 내는 세상에 하나밖에 없는 시인이 있다. 시인이란 노래 부르는 사람인데, 그는 노래 부를 수 없는 것들을 끌어안고 노래를 부른다. 그러니 그 노래는 노래에 가닿을 수 없을지 모르건만 그럼에도 그는 노래에 가닿고 싶다.

그는 그러니까 다른 시인과는 완전히 다른 독법으로, 그러니까 자기만이 보고 만지고 맞비비고 느끼는 방식으로 사물을 본다. 이 시인의, 이렇게 다른 방법, 보는 대상이 다르고 그 대상을 보는 방법도 다른 이 독특함을 어떻게 명명할까 생각해 본다.

첫 단서를 제공하는 시들이 몇 편 있다. 어디서부터 시작해 볼까. 시집 맨 처음에 수록하는 시는 시인이 뭔가 의미를 부여했다 할 수 있지 않을까.

벽지는 자란다

가볍게 벽에 밀착하고 얕게 벽을 넘는다

물을 먹으며 살 위를 살얼음같이 조금씩 걸어간다
밥을 먹으며 뼈 위를 뼈대같이 가끔씩 올라간다

닳아 가는 오늘을 기억의 부리로 전진하며
자라고 자라서 잘려 나가도 열 개의 기둥을 다르게 세우며
불안하게 잘려진 초승달 같은 방을 희미하게 건너간다

하늘은 잠들어도 벽지는 별처럼 어느 날 은하수 저편에 있다

—「발톱」 전문

시란 한 개체적 존재인 시인이 발하는 언어가 순간적인 상승을 통해 그가 속한 언어 공동체의 산과 내와 골짜기와 땅 위로, 그 갖가지 풀과 나무와 '약초'들 위로, 다디단 비가 되어 내려야 하는 것이련만. 그러나 이 시인은 시에 관한 이러한 전통적, 다시 말해 통념화된 시각 편에 쉽게 서지 않는다. 그는 구어적 전통에 뿌리박은 순간적 확산의 시 대신 문자적, 활자적 지연을 감수하는 성찰적 사유의 시로 나아간다. 감정을 억제하고 통어하면서 그 자신만이 '힐끗' 엿볼 수 있었던 이 '아수라' 세계의, 비루하고 고통스럽고 끝없이 참고 견뎌야 할 하루하루의 삶을 역설과 반어의 언어로써, 주체가 될 것과 객체가 될 것을 뒤바꿔 버림으로써, 알 수 있을 것 같은 어휘들로 알 수 없을 것 같은 의미들을 구축하는 방법으로 독자들을 향해 수수께끼 놀이처럼 제시하곤 한다.

말하자면, 위에서 필자가 인용한 「발톱」 같은 시들로써 말이다. 이 시의 제목은 '발톱'이건만 어찌하여 화자는 '벽지' 얘기만 하는가? 우리는 이 시 앞에서 응당 그런 물음표를 그려야 하리라. 이런 어법이 성립

할 수 있으려면 우선 벽지는 발톱이 되어야 하리라. 조지 레이코프의 인지언어학적 은유 개념에 따른다면 말이다. 아니, 시인은 발톱을 비유하여 벽지로 말한 것이다. 그런데 도대체 왜 시인은 자신의 시집의 맨 앞에 들어가는 시를 발톱을 이야기하는 「발톱」으로 삼은 것일까? 단순히 비유법의 묘미를 제시하기 위함이라고 말할 수는 없을 것이다.

이 시의 4연에 등장하는 "자라고 자라서 잘려나가도 열 개의 기둥을 다르게 세우며"라는 시어는 어딘지 모르게 기독교의 십계명을 생각하게 한다. 그렇게 간주하고 보면 이 시의 '십계명'은 절대적인 신의 십계명과는 달라서 누구나 각자가 세운 십계명일 수 있으며, 이 시의 화자가 생각하는 발톱은 바로 그러한 '자기 의지'로써 자신의 삶을 세워 나가고자 하는 존재라고 할 수 있다. 이렇게 유추할 때 비로소 마지막 행이 이해될 수 있을 것이라 믿어진다. "하늘은 잠들어도 벽지는 별처럼 어느 날 은하수 저편에 있다"라는 시구는, 현재에는 "붉은 기억을 눈물같이 긁"어가며 살아가지만 '언젠가는' "별처럼" "은하수 저편"으로 상징되는 '벽' 너머의 세계에 가닿을 수도 있으리라는 화자의 자기 의지를 표현하고 있다.

문제는 이 벽지가 벽을 타고 오르는 방법이다. '벽지는 자라는데' 어떻게 자라느냐 하면 "가볍게 벽에 밀착하고 얇게 벽을 넘는다". 화자가 보기에 벽을 타넘는 벽지의 방법은 병사의 '낮은 포복'과도 같은 이미지를 가진다. 그가 보기에 벽지는 벽을 타넘기는 넘되 허들 선수처럼 넘는 게 아니라 진흙 바닥에 배를 밀착한 채 날아오는 총탄들을 피해 가며 날아가는 방식으로 타넘는다. 그러나 이 낮은 포복, "물을 먹으며 살 위를 살얼음같이 조금씩 걸어"가고, "밥을 먹으며 뼈 위를 뼈대같이 가끔씩 올라"가는 이 삶의 태도는 이 시의 마지막 연이 보여주듯 "어느 날"인가는 "은하수 저편"에 가닿으리라는 무한의 꿈을 함축하고 있다.

그러니 이 시의 제목이 시사하는 '발톱'이란 낮은 포복으로 나아가되 꿈을 잃지 않는 날카로운 삶의 태도를 시사하는 것이 아니겠는가 한다. 이 시집은 시인 권성훈 씨가 자신의 '발톱'을 품고 이 세계의 '벽'을 타넘으며 몸과 마음에 상처를 긁히며 경험한 세계의 '보고서'인 것이다. 그러면 이제 이 낮은 포복의 시인이 세계를 어떻게 읽어 나가는지 살펴볼 차례다.

## 2

필자가 수 년 전에 저 오스트리아 비엔나 모더니즘의 거장 가운데 한 사람 요제프 마리아 올브리히가 남긴 작품들을 전시하는 곳에 가서 느낀 것이 하나 있다. 그는 비엔나 시대를 대표하는 사람의 하나로 궁궐 같이 큰 건물부터 하다못해 숟가락, 포크까지 세우고 만들 수 있는 것은 무엇이든 설계했던 건축가의 한 사람이었다. 그런 '잡식성' 건축가의 전시회를 다 돌아보고 나서 느낀 것, 그것은 비엔나 모더니즘이란 삶의 환경을 바꿈으로써 삶을 바꾸려고 한 운동이었다는 것이다.

즉, 그들은 삶을 바꾸어 삶의 환경을 바꾸려 하지 않고 거꾸로 삶의 환경을 바꾸어 삶을 바꾼 사람들이었다는 것인데, 이 말은 마르크시스트들의 혁명적 태도와 대비해 볼 때 훨씬 더 생동감 있는 의미를 얻게 된다. 마르크시스트들은 어떤가 하면 필자가 보기에 비엔나 모더니스트들과는 다르게 삶을 바꾸어 삶의 환경을 바꾸고자 한 사람들이었다. 그래서 그들은 말끝마다 삶의 혁명을 이야기하고 이를 위한 자기비판에 '열을 올렸던' 것이다. 필자는 이로써 혁명에 관한 두 가지 태도를 이야기한 것이니 마르크시즘에 대한 단순한 비난이라고는 결코 말할 수 없다.

권성훈 시인의 이 시집의 시들은 그가 마르시스트적이라기보다는 비엔나 모더니즘의 예술가들의 방법에 가까움을 시사하는 것으로 보인다. 그는, 말하자면 이 글을 쓰는 필자와는 달리, 자신의 삶을 직접 제시하고 그것에 관해 이야기함으로써 시가 무엇이고 삶이 무엇인지 말하려 하기보다 이 삶을 구성하는 물상들, 사물들을 이야기함으로써 '결과적으로' 삶이 무엇인지를 이야기하는 시인이 되고자 한다.

그러므로 이 시집에서 먼저 볼 수 있는 것은 그의 삶이라기보다 그가 이 삶을 살아가며 겪어 가는 사물들, 물상들이다. 이 사물들, 물상들이 먼저 보이고 이를 잘 해석한 다음에야 그의 삶이 보인다. 무슨 뜻인가 하면, 이 시집에 수록된 시들의 제목으로만 언급한다 해도 우리는 그의 시집에서 아주 진기한 모습들을 확인할 수 있다는 것이다.

예를 들어 「유쾌한 치킨」, 「한길 순대」, 「지퍼 행간」, 「바퀴의 환승」, 「단추」, 「내비의 눈물」, 「변기」, 「철수세미」, 「스티로폼」, 「아하, 역돔」, 「황태 덕장」, 「드럼 세탁기」, 「모서리」, 「나사」, 「휴지에게 사랑을 배울 때」, 「캔」, 「봄날 견인되다」, 「폐차」, 「손잡이」 등등에서 볼 수 있듯이, 그는 자신의 삶을 둘러싼, 더 구체적으로 말하면 생활을 둘러싸고 있는 사물들, 물상들로부터 삶이 무엇인지를 헤아릴 수 있는 단서들을 놀라울 정도로 날카로운 감각으로 포착하여 사람들 앞에 제시하곤 한다는 것이다.

그리하여 이 시인의 날카로운 감각 앞에 나선 사물들, 물상들은 여지없이 '상식'의 외관이 벗기운 채 그 적나라한 삶의 '비밀', '실상'을 우리 앞에 드러내게 된다. 예를 들면 다음과 같은 시에서처럼 말이다.

이 무대에선 수의를 걸치기 전에 말이야

상처를 덮고 있던 깃털을 뽑아야 했어
목덜미에서 사타구니까지
부끄러움으로 치장한 순간순간을 남김없이 벗기는 거지
그것은 벗어 버리려고 했던 그림자일 뿐
땅에서 길들여진 근육이 풀리고 있어
목 잘린 희망이 철창을 빠져나와
비로소 편하게 누워 있잖아
풀이 죽은 가슴살도 힘이 없던 다리살도 환하게 드러내고
살아서 입지 못하는 황홀한 옷 한 벌
저승 가는 길을 꼼꼼히 재단해
이제야 나를 위해 떳떳하게 나를 입어 보는 것
스스로 입지 못하는 생애의 끝 한 벌 입는 거야
매일같이 시작되는 하루를 내 손으로 갈아입지만
벗었던 세월만큼 주름진 길
그 길을 세상 밖에서 지우는 화려한 복화술
거울의 눈치를 살폈던 관절 마디를 섞어서
내가 안 보일 때까지 나를 반죽해 줘
손댈 수 없을 때까지 후끈 달구어지면
내 몸도 이렇게 눈부신 뜨거움을 가지고 있을 줄이야

—「유쾌한 치킨」 전문

이 시는 우리가 일상에서 너무나 흔히 마주할 수 있는 치킨집에서의 경험을 이야기한 것이다. 그러나 지금껏 이 치킨이라는 것을 두고 이렇게 적나라하게, 야유로써, 인간 삶의, 그 '육식성'의 야만성을 찔러댄 시는 볼 수 없었지 않나 한다. 이 시의 화자는 알몸으로 튀겨져 인간들의

식탁 위에 올려질 치킨 그것으로, 인간들의 무지막지한 탐식욕의 희생양이 되어 지상에서의 짧은 삶을 마감하고 생명을 잃어 버릴 치킨의 마지막 반어적 야유, "내 몸도 이렇게 눈부신 뜨거움을 가지고 있을 줄이야"라는 말은 21세기 한국인들의 삶이 어떻게 운행되는가를 보여주고도 남는다.

그러나 이것은 단순히 인간들을 향한 치킨의 야유인 것만은 아니다. 이 시에서 시인이 치킨 화자의 목소리를 빌려 말하고는 있으나 그럼에도 그는 이 가상적인 화자의 목소리에 시인 자신의 목소리를 숨겨 둔 채 드러낸다. "매일같이 시작되는 하루를 내 손으로 갈아입지만 / 벗었던 세월만큼 주름진 길 / 그 길을 세상 밖에서 지우는 화려한 복화술"이라는 구절에서 확실히 시인 자신의 직접적인 음성을 느낄 수 있다. 또한 이 부분만 아니라 이 시의 모든 곳에서 시인은 벌거벗은 채 튀겨져야 할 치킨의 모습에서 "부끄러움으로 치장한 순간순간을 남김없이 벗기"워 가며 살아가는 자기 자신의 모습을 본다. 그리하여 그것은 단순히, 그냥, 본다기보다는 직시하는 것, 성찰하는 것을 의미하게 된다.

저마다 검은 속내를 감추고 있는 순대같이
권선시장 어디쯤 한길로 닳아진 골목 있지
숨이 끊어질 때까지 목줄을 잡고 있던
입과 항문이 뱉어 낸 구부러진 거리마다
비워 내고도 충만한 생애 입김이 서려 있네
다만 터져 나오는 전생의 입구를 막고
시작과 끝을 둥글게 포개는 몸피
손발 없이 내장으로만 피어났다
오래 만져 왔거나 많이 걸어온 것들의 식사

휘청거리는 전·생·애를 건너가는
고단했던 오장육부가 담긴 욕계 한 그릇
꽉 찬 창자로 텅 빈 창자에 머물다 가네
피가 내장이 되고 내장이 피가 되어
삶은 삶이 한길에서 환생하는
여기는 도솔천

—「한길 순대」 전문

저 앞에서 인용한 시가 치킨을 즐기는 사람들의 육식성을 기반으로 삼고 있다면 지금 인용한 「한길 순대」 역시 육식을 즐기는 한국인들의 습성, 나아가 시인 자신의 것인지도 모르는 식성을 기반으로 삶의 의미를 캐내려는 시도를 보여 준다. "저마다 검은 속내를 감추고 있는 순대 같이"라는 시구는 겉으로는 수원 권선시장 어디쯤에 숨어 있는 골목을 수식하고 있지만 이 첫 구절부터 우리는 삶의 바깥과 안의 '상거(相距)'를 엿볼 수 있다.

이 시에서 그렇듯이, 필자는, 이 시인의 시들에서는 어느 것이든 어딘지 모르게 피 내음이 난다는 느낌을 지울 수 없다. 위의 시에서 "숨이 끊어질 때까지 목줄을 잡고 있던 / 입과 항문이 뱉어 낸 구부러진 거리마다 / 비워 내고도 충만한 생애 입김이 서려 있네"라는 구절은 이 시가 이야기하고 있는 대상이 단순히 순대가 아님을 명확히 하는데, 이 "거리"들, "입과 항문이 뱉어 낸 구부러진 거리"들이란, "숨이 끊어질 때까지 목줄을 잡고 있"는 우리들의 삶을 보여주며, 바로 이것이 비로소 "비워" 낼 때에야 "충만"해질 수 있는 우리들 삶의 비루함, 고통스러움, 참기 어려운데 참을 수밖에 없음, 구토에 도달해야 할 역겨움인 것이다.

이 시집은 그리하여 한낮의 찬란한 햇살 같은 아름다움에 관한 이야기가 아니라 어둡고 축축하고 냄새 나는 삶의 이면들을 드러내는 이야기들을 담고 있다 할 수 있다. 보이지 않는 것, 보여 주지 않으려 하는 것, 숨어 있는 것, 어쩔 수 없이 드러나는 것들을 이 시집은 이야기한다. 칸칸이 벽을 세운 제도와 법률의 안이 아니라 바깥을 사는 삶의 진면목이 힐끗 일별한 시인의 시선에 포착될 때 이 시집의 이야기들은 출생을 곧바로 준비해 버린다.

늘어난 어제가 내려 주고 간 거야
탄력성 해어진 거리를 지나온
구멍 난 시간들이 허리에서 발끝까지
감추고 있던 허물어진 여기와 거기를 보여 주네
완전한 수평이 되었지만
어디로 나가는 통로인지 알 수 없어
은밀하게 바라보는 앞과 뒤
양면의 표정들만이 겹쳐져
아슬아슬 뼈대 없이 이탈한 밤을
구분 없이 뒤집고 간 거야
그 바닥에서 경계를 풀어 버린 신축성 너머
하체 힘 밖으로 되돌아갈 수 없어
설풋 잠든 그녀를 흘러나와
가볍게 어제를 밑줄 그어 놓았네

—「팬티스타킹」 전문

이 팬티스타킹을 "거리"에 떨어뜨린 사람은 누구일까? 어떤 사연이 은밀한 '착용복' 팬티스타킹을 거리에 떨어뜨리도록 했을까? 시인은 이

뜻밖의 발견을 즉각 "탄력성"과 "신축성"을 잃어 버린 삶의 문제로 상승시킨다.

이렇듯 팬티스타킹이든, 변기든, 세탁기든, 수건이든, 휴지 두루마리든, 나사든, 철수세미든, 삶의 소품들, 잡동사니들, 일상적으로 소비하고 처분하는 것들이 이 시인에게는 삶의 비의를 드러내는 장치들이 된다. 어떻게 해서 그럴 수 있는가 하면, 이 시인은 본래 가시적 세계의 이면을 보도록 투시적 시각 능력을 '훈련'받은 이력을 지니고 있기 때문이다. 이는 물론 필자의 어떤 추론이기는 하지만 그러나 이 시집은 그러한 훈련의 존재를 드러내는 시들을 분명히 보여 준다.

## 3

권성훈 시인의 이 시집이 문단사의 어느 위치에 서느냐 하는 문제는 한마디로 말할 수 없는 문제인 듯하다. 최근 한국문학은 어디로 가고 있는가, 하고 물을 때 시단에서 한동안 시류를 형성한 듯하던 흐름들은 어디론가 사라져 버렸다고 여겨진다.

필자는 '한국문학의 1994년 체제'라는 말을 만들어냈는데, 그것은 거금 25년 전『창비』,『문학과사회』,『실천문학』 등으로 유지되어 오던 문단이 새로운 잡지의 출현과 더불어 새로운 국면에 들어선 것을 의미한다. 그로부터 문학은 현실의 재현 대신에 언어적 유희거나 자유로운 상상 같은 것이 되어야 한다고 말해졌다.

그러나 필자는 또한 출판 '카르텔'에 의해 유지되어 온 이 문단 체제가 2009년의 쌍용차 사태와 용산 참사, 2010년의 천안함 침몰, 2014년의 세월호 참사, 2018년의 김용균 군의 죽음 등이 보여 주듯 새로운 체제에 대한 현실의 요구에 의해 그 마지막 국면에 처해 있으며, 그럼에도 불구하고 링거를 주렁주렁 매단 중환자처럼 연명해 가고 있는 이면에는 문학인들의 시류 추종, 순응벽 같은 것들이 한몫을 하고 있다고 생각한다.

시단에 비해 소설계 쪽은 사정이 다소 나아 보인다고 하면 오늘의 시단에 대한 폄사가 되는 것인지도 모르겠다. 하지만 몇 년 전에는 『채식주의자』의 한강(1970)이 있었고 또 최근에는 「묘씨생」의 작가 황정은(1976) 같은 작가도 있었다. 그들은 세대적으로 보면 386세대의 바로 뒤를 이은 이른바 'X세대'의 '맨 앞'이자 '맨 뒤'를 장식하는 듯도 한데, 여기에 물론 「물속 골리앗」을 쓴 김애란(1980) 같은 'IMF 세대' 작가도 끼워 넣을 수 있을 것이다.

소설계의 이들은 시단의 '주류연'하는 사람들이 생각하듯 세계를 언어적으로, 낙천적으로 바라보는 것 같지 않다. 그들은 이 세계가 육식성에 의해 잠식당했으며, 먹이사슬 같은 정글로 화하고 있음을 '직시'하고자 했고 그로부터 '야수 같은 인간'에 대한 밀도 높은 성찰을 시도했다. 그들은 확실히 시단의 몇몇 소수 '노동시인'이나 '여성시인'들처럼 풍요로운 물질적 삶, 또 새로운 발랄함 이면에 작동하는 위선과 교활, 야만과 환멸을 꿰뚫어 보고자 했다.

권성훈 시인의 이 시집은 이와 같은 문단사의 맥락에서 또 다른 위치를 확보하는 것으로 판단된다. 이 세계의 진흙 구덩이 수렁에서 발을 빼내어 마치 건너다보는 사람, 내려다보는 사람의 눈으로 세상 전체를 상대하려 할 때, 그는 불현듯 절대적인 것, 숭고한 것, 순수한 것을 열렬히 숭배했던 과거의 자신의 습성으로 돌아가 냉정하고도 냉철하게 이 세계 전체를 진단하기를, 찌르기를, 치유하기를 희구하는 태도를 취한다. 다음의 시는 그러한 태도가 잘 드러난 시 가운데 하나일 것이다.

하나님을 먹은 뱀으로 술을 담갔지
하늘이 든 독이 부글거리는 밤
농염한 혀가 시시각각 갈라지며
똬리 튼 항아리에서 까마득한 말씀이 새어 나오네
다른 신을 믿으라
미신을 섬기라
하나님을 욕하라
안식일을 거룩하게 지내지 마라
네 부모를 공경하지 마라
살인하라
간음하라
도둑질하라
거짓말하라
네 이웃의 재물을 탐하라
이것이 너희에게 주는 새로운 아이러니라
삼천삼백 년 묵은 율법이 술독에 빠져 허물을 벗었네
이 얼마나 옳으신 팔할이 말씀인가

—「21세기형 십계명」 전문

이 시의 화자를 권성훈 시인으로 이해해도 좋다면, 그는 자신의 세계 인식의 밑바탕을 이루었던 교의들이 무너져 내리는 현대판 '말세'를 목도하고 있는 듯한 '환각'에 사로잡힐 정도로 이 세계를 위태롭게 인식하고 있다고 할 수 있을 것이다.

십계명에 살인하지 말라 했건만 이 세계는 차라리 살인에 의해 권력과 권능을 유지하려는 욕망들로 넘쳐나는 것 같다. 네 이웃의 재물을 탐하지 말라 했건만 사람들은 남의 손에 들어갈 것을 자기 것으로 만들고자 하는 욕망에 휘둘려 버렸다. "이것이 너희에게 주는 새로운 아이러니라"라는 시구가 이 시의 발상법을 슬며시 드러내고 있다. 아이러니란 겉과 속의 대립을 의미하며 무지와 깨달음의 요소를 근간으로 삼는 수사학이다. 십계명이 오늘날처럼 모든 교회에서 이렇듯 편리하게 가르쳐지는 시대도 없건만, 세계는 오히려 십계명과 정반대의 방향으로 흘러가는 듯하다. 세상은 겉보기와 다르게 변해 버렸고 시인은 마침내 그런 세계의 실상을 깨닫는다.

여기 많은 빛들이 눈을 감고 있네
입꼬리를 환하게 내리고 있어
꺼진다는 것을 알면서도 끝날 줄 모르는
아침이면 눈을 뜨고 말라 가지만
실오라기 같은 초음파의 파장에 집중해
물 한 모금조차 마시지 못할 때까지
얇아지고 무더져서
예민해진 바늘에도 통증을 느끼지 못하네
눈을 감을 때 켜지는 어둠이 들락거리며
즐거운 눈빛과 불빛을 교환하고
드디어 희미한 복도를 나선다
가운데에서 가장자리로 내려가는 계단은
부음을 옮길 때마다 한 계단씩 가라앉네
올라오는 계단이 내려가는 계단을
헤아릴 수 없을 정도로 멀어질 때
더 이상 연결된 통로를 올라갈 수 없어

지상 요양원 복도와 지하 장례식장 계단 사이
수액 빠진 링거처럼 가벼워진 희망만이
이날 유쾌한 비상구를 내려가고 있네

—「오늘 병동」 전문

이 시는 분명 끝에서 세 번째 행이 말해 주듯이 요양원과 장례식장이 함께 있는 어떤 시설의 경험을 노래한 것일 테다. 그런데 이 시인은 시의 제목을 '오늘 병동'이라 지음으로써 이 시설의 경험을 오늘의 현실 세계의 위태로움, 병듦에 대한 이야기로 격상시키고자 했다.

이러한 '오늘 병동'의 상상력은 '모더니즘' 시의 전통을 환기시킨다. 문학, 특히 시는 옛날부터 병든 세계에 대한 예민한 자각 위에 수립되는 경우가 많았다. 독일에 패배한 프랑스 파리를 목도한 아르튀르 랭보가 병든 파리를 떠났듯이 오장환은 해방은 되었으되 모든 질병적 현상들로 넘쳐나는 시대를 『병든 서울』에 담았다. 해방의 환희가 오장환에게는 환희 그대로 보이지 않고 그 밑에 흐르는 질병적 상태로 예민하게 의식된 것이다.

권성훈 시인의 이 시집 또한 위에 인용한 「오늘 병동」처럼 동시대 한국 사회를 하나의 병동, 병든 세계로 인식한다는 점에 주목해 볼 필요가 있다. 자본의 욕망과 자본이 지배하는 메커니즘 아래 자본의 욕망을 닮은 사람들의 욕망이 밤거리의 '팬티 스타킹'처럼 탄력성, 신축성을 잃은 채 늘어져 있는 이 사회를 질병적이라 하지 않을 수 있을까?

더구나 이 사회는 아래 인용하는 시에서 보듯이 좌익이니, 우익이니, 친일파니, 빨갱이니, 한남충이니 김치녀, 된장녀니 하는 온갖 명명법들로 상대를 타자화하는 혐오의 언어들로 들끓고 있지 않은가? '촛불 집회'와 '태극기 집회'의 숫자에 관한 집착은 이러한 질병적 상태의 은유라

해도 과언이 아닐 것이다.

1. 촛불 집회

10월 29일 1차 : 주최 측 추산 2만여 명(경찰 추산 9000명)

11월 5일 2차 : 주최 측 추산 20만여 명(경찰 추산 4만 5000명)

11월 12일 3차 : 주최 측 추산 100만여 명(경찰 추산 26만 명)

11월 19일 4차 : 주최 측 추산 100만여 명(경찰 추산 27만 명)

11월 26일 5차 : 주최 측 추산 190만여 명(경찰 추산 32만 명)

12월 3일 6차 : 주최 측 추산 232만여 명(경찰 추산 42만 명)

12월 10일 7차 : 주최 측 추산 104만여 명(경찰 추산 16만 6000명)

12월 17일 8차 : 주최 측 추산 77만여 명(경찰 6만 명)

12월 24일 9차 : 주최 측 추산 70만여 명(경찰 5만 3000명)

12월 31일 10차 : 주최 측 추산 100만여 명(경찰 6만 5000명)

1월 7일 11차 : 주최 측 추산 90만여 명(경찰 2만 4000명)

1월 14일 12차 : 주최 측 추산 14만여 명(경찰 추산 ?)

……(경찰 추산 '공개 안함')

2. 맞불 집회

11월 19일 1차 : 주최 측 추산 7만여 명(경찰 추산 1만 1000명)

11월 26일 2차 : 주최 측 추산 10만여 명(경찰 추산 1만 명)

12월 3일 3차 : 주최 측 추산 15만여 명(경찰 추산 1만 5000명)

12월 10일 4차 : 주최 측 추산 32만여 명(경찰 추산 4만 명)

12월 17일 5차 : 주최 측 추산 51만여 명(경찰 추산 3만 3000명)

12월 24일 6차 : 주최 측 추산 100만여 명(경찰 추산 1만 5000명)

12월 31일 7차 : 주최 측 추산 72만여 명(경찰 추산 2만 5000명)

1월 7일 8차 : 주최 측 추산 102만여 명(경찰 추산 3만 7000명)

1월 14일 9차 : 주최 측 추산 120만여 명(경찰 추산 ?)

……(경찰 추산 '공개 안 함')

—「가닿고 싶은 것과 와닿을 수 없는 것」 전문

여기서, 어떻게 '촛불 집회'와 '맞불 집회'를 같이 취급할 수 있느냐는 반문은 필요치 않다고 본다. 시인이 의도한 것은 그러한 '동등성'이 아니라 이 세계의 병듦 그 자체를 드러내는 데 있었기 때문이다.

## 4

이 시집은 이 세계가 병들어 있음을, 매일같이 자신의 삶 그것을 질료 삼아 몸으로 겪어 나가는 시인의 정신적 풍경의 기록이라 할 수 있다. 그는 자신의 삶 주변에 널린 사물들, 물상들 속에서, 그것들의 외관, 그것들이 피워 내는 냄새, 그것들의 황폐한 존재 방식으로부터 자신이 살아가며 견뎌 내는 세계를 처절하게 인식한다. 아니, 그것은 인식이라기보다는 겪음이요, 맞부딪힘 같은 것인데, 이러한 시인의 자기 정위 방식을 가리켜 필자는 그의 시에 등장하는 시구를 빌려 '사물을 읽는 몸'이라 말하고자 한다.

철수세미는 사물을 읽는 몸이다.

철수가 손을 쓸 때 입을 여는 세미
거칠거칠한 손은 입보다 가볍게
얽히고설킨 입은 손보다 무겁게
철수세미의 익숙한 수화로
저녁에 붙은 반점을 닦아낸다.
꽉 다문 벙어리 저린 가슴에서
웅크린 윤기가 뽀드득뽀드득 빠져 나온다.
궁금증의 뒤꿈치를 내려놓으며
소금기 빠진 밤이 달팽이처럼 지나간다.

발 디딜 틈 없이 비릿한 하수구에 들어찬다.

바람이 드나드는 맨 얼굴로
아미타불 빛나는 철수세미
능청스럽게도 너무 아프게 붙어 있다.

—「철수세미」 전문

이 시인은 여기서도 '철수세미'처럼 우리들 삶 어디에나 있는 '보잘것없는' 사물을 이야기한다. '철+수세미'를 '철수'와 '세미'로 새로 분절하는 유머 감각은, 「유쾌한 치킨」에서처럼 시인이 어느 때는 신랄한 풍자로 드러나는 '웃음의 미학'을 품고 있음을 말해 준다. 웃음은 필자가 이상의 문학에 나타나는 웃음의 문제에 관해서 썼었듯이 해방과 해탈을 위한 미학적 방법론이라 할 수 있다.

여기서 시인은 철수세미를 가리켜, "철수세미는 사물을 읽는 몸"이라 규정한다. 식기를 닦아 내는, 그보다 식기에 달라붙은 오물을 거센 쇠붙이 성분으로 쓸어 내는 철수세미를 가리켜 시인은 "사물을 읽는 몸"이라 한 것이다. 어떤 처절한 '맞부빔'이 느껴지지 않는가? 식기를 깨끗이 닦으려 하면 할수록 우리는 철수세미를 거세게, 거칠게, 끝까지 부벼 대야 한다. 그러나 물론 여기서도 시인은 철수세미의 '노래'를 식기를 세척하는 문제로 한정해 두지 않는다. 이 시의 화자는 이렇게 쓰고 있다. "저녁에 붙은 반점을 닦아 낸다."라고. 무엇을 위해서? "꽉 다문 벙어리 저린 가슴에서 / 웅크린 윤기가 뽀드득뽀드득 빠져 나"오록.

어떤 생활의 성찰 방법론이 이 시에 등장하는 철수세미질보다 더 처절할 수 있을까 하고 필자는 생각한다. 그런데 이 성찰이란 물론 사유로, 그러므로 언어로 이루어져 있어야 하며, 때문에 처절하고도 철저한 성찰이란 예리한 언어의 의식 없이 이루어질 수, 수행될 수 없다. 날카로운 성찰은 날카로운 언어를 가진 사람에 의해서만 높은 수준에서 성취될 수 있다. 그렇다면 이 시인은 언어에 대한, 언어를 위한 어떤 태도를 예비해 두고 있는가?

다음의 시는 물고기 잡는, 낚시하는 이야기다. 이 시인은 낚시꾼이기도 한 모양인데, 필자를 한 번도 같이 데려가지는 않았지만, '역돔'을 잡는 이야기를 옮긴 것이다. 그런데 수수께끼 놀이를 즐기는 이 시인은 여기서도 역돔 낚는 행위를 그것 자체에 묶어 두지 않는다.

너를 잡기 위해 길들이기로 했어
뒤도 돌아보지 않고 터지는 물방울같이
사라진 흔적조차 모르게
아무도 눈치채지 못하게
바닷물에 민물을 방울방울 섞어 가며

다문다문 먹이를 주고
날이 선 윤기 흐르는 지느러미를 살살 쓰다듬으며
미끄러지듯 해저에서
조금씩, 조금씩 자기의 등을 자기가 떠밀고 있다고 믿듯이
그러나 비늘이 벗겨지거나 놀라서 멀리 달아나지 않게
재미없어 한 눈 팔지 않게
맞다, 맞어 아무렴 잘했다, 잘했어
그렇게 뭍 가까이 오리니
마침내 미끼를 물고 수면으로 떠올라
아하, 바다 뺨을 치는 황홀한 너의 꼬리
퍼덕이며 번지는 힘줄에 길들여진 나의 손맛

—「아하, 역돔」 전문

파도치는 바닷가에서 역돔을 낚는 풍경이 손에 잡힐 듯 생동감 있게 그려져 있는 이 시를, 필자는 단순히 바다낚시에 관한 시로 읽지 않고, 저 정지용 시인의 「바다 2」의 선례를 따라 시를 쓰는 일에 관한 태도의 문제로 '오해'하기로 한다. 이 시에 등장하는 역돔과 그것을 잡아 다루는 낚시꾼의 태도나 홍취나 솜씨를 시적 언어와 그것을 다루는 시인의 문제로 치환해 보면 그 중의적 의미의 묘미를 십분 느낄 수 있을 것이라 생각한다.

이 병든 세계의 일상을, 철수세미처럼 사물들을 몸으로 겪어 가듯 살아가는 시인의 삶은, 생활은 버라이어티로 넘치면서도 위태롭고 권태롭다. 결코 높은 지대를 살아가지 않기에 그는 언제나 크고 작은 굴신과 굴욕을 감수해야 하고 사랑을 원하지만 미움과 질시가 들끓는 거리와 골목의 삶에서 벗어날 수 없다. 웃음, 야유와 유머로 세계를 견뎌 나

가려 하지만 하루하루의 삶은 '견고한' 오물들을 닦아 내느라 철수세미의 몸뚱이가 해져 버리듯 피투성이가 된 몸과 마음으로 얼룩져 간다. 해방은, 해탈은 언제, 어디서, 어떻게 가능한가? 그러나 어느 날 어느 순간, 모든 들끓음이 가라앉고 악취가 물러나고 사방이 고요해지기도 한다. 바로 그때가 '아미타불'께서 찾아오신 때다.

그렇게 반듯한 표현으로 앉아 있는
책상이 옳았다
누구에게도 가지 않고
부지런하게 오는 아침과 무심하게 지는 저녁에 자리를 내주고
조용히 책장과 책장 사이를 넘나든다
각자를 지키고 있는 각자의 이름으로
어느 먼 곳에서 오고 계신 당신과 행여 와 있는 당신
재래시장 모퉁이를 마주보며 지상의 날것을 파는 할머니들
간간하게 아파오는 무릎같이
골목을 지탱하는 굴곡진 그림자같이
아득하게 저려오는 통증
어제와 오늘이 겹쳐져 나는 삐거덕 거리에서
서로 보고 있지만 모르는 척
못 본 척 기대고 앉아
달과 해를 세고 있는 좌판같이
이 좁은 바닥을 지키며
당신의 하루를 살 수 있을까

—「하루도 책상같이」 전문

이 시는 다른 시들과 '마찬가지로' '저잣거리'에서 주은 것이련만 어딘지 모르게 서방정토 냄새를 풍긴다. 결국은 "책상이 옳았다"는 것이다. "그렇게 반듯한 표현으로 앉"아 "누구에게도 가지 않"는 "책상"이, 하루를 온전하게 지켜내는 "책상"의 삶이 옳았다는 것이다. 이렇듯 문득, 낮과 밤의 악취 풍기는 거리로부터, '이제는 돌아와 거울 앞에 선' 어떤 사내의 모습처럼 권성훈 시인은 철수세미의 몸을 통해 사물의 의미를 처절하게 읽어 내는 고요한 '언어의 명상가'가 아니겠는가.

## 시인의 말

자신의 아호를 대충(大蟲)이라 짓고 천진한 아이처럼 웃으시다가, 1년 전 세상을 떠나신 조오현 시조시인의 시편과 함께 그럴 수만 있다면 이 다음 숲에서 무엇이 되어 만나도 괜–찮–다. 내게로 오기 전 펼쳐지는 당신, 그리고 나였을 그대에게 흘린 눈물같이 써 내려간 이 시집을 바친다.

삶의 즐거움 모르는 놈이
죽음의 즐거움을 알겠느냐

어차피 한 마리
기는 벌레가 아니더냐

이 다음 숲에서 사는
새의 먹이로 가야겠다

—조오현(1932~2018), 「적멸을 위하여」 전문

2019년 5월 26일 기념하여

저자

실천시선 258

**밤은 밤을 열면서**

2019년 5월 26일 1판 1쇄 찍음
2019년 5월 26일 1판 1쇄 펴냄

| | |
|---|---|
| 지은이 | 권성훈 |
| 펴낸이 | 윤한룡 |
| 편집 | 김은경 |
| 디자인 | 윤려하 |
| 관리 | 한해인 |
| 펴낸곳 | (주)실천문학 |
| 등록 | 10-1221호(1995.10.26) |
| 주소 | 서울특별시 중랑구 상봉로 110, 1102호 (망우동) |
| 전화 | 322-2161~5 |
| 팩스 | 322-2166 |
| 홈페이지 | www.silcheon.com |




ISBN 978-89-392-3035-4 03810

이 책은 2018년 아르코문학창작기금 수상작가의 작품입니다.



이 도서의 국립중앙도서관 출판시도서목록(CIP)은 e-CIP홈페이지(http://www.nl.go.kr/ecip)와
국가자료공동목록시스템(http://www.nl.go.kr/kolisnet)에서 이용하실 수 있습니다.
(CIP제어번호:CIP2019019225)